DIALOGUES

DES

MORTS POLITIQUES.

PREMIER DIALOGUE.

INTERLOCUTEURS:

MONSIEUR GUIZOT, ET MONSIEUR LOUIS BLANC.

OXFORD,

JOHN HENRY PARKER;

AND 377, STRAND, LONDON.

M DCCC XLVIII.

M. GUIZOT.

EH bien! Citoyen Blanc, vous voila donc aussi, arrivé déja sur cette terre si près de la France, chez cette nation qui en est si loin. Je ne sais pas précisement ce qui a pu vous amener·ici, mais s'il m'est permis de vous emprunter un mot[a] que vous prêtez quelque part à un de mes anciens collègues, qui du reste est bien dans le cas de vous le rendre, mettez la main dans votre poche, et si vous n'y trouvez pas un passeport, vous devez y trouver un événenement : le peuple Français en a pour le moment ses poches toutes pleines.

M. LOUIS BLANC.

Il n'est pas nécessaire, je crois, que je vous raconte en détail l'occasion à la quelle je suis redevable,

[a] Ce mot est attribué par M. Louis Blanc a M. Thiers comme ayant ètè addresse par lui au Duc de Broglie : "Mettez la main dans votre poche, mon cher Duc, et vous allez y trouver un événement."—Hist. de dix ans.

B

tout innocent que je suis, de l'hospitalité Anglaise. Vous savez sans doute déja, et qu'il vous suffise de savoir, que c'est un peu malgré moi que je me trouve sur les bords de cette Tamise, ou la Liberte proscrite a le privilége d'errer, comme une âme en peine, aux rivages du Styx. Mais n'oublions pas Monsieur l'Ex-ministre, que vous y étiez avant moi, et un peu par moi, et que vous y resterez, comme je pense, plus long tems. Non pas que j'aie besoin de consoler ma défaite, par le spectacle d'une ruine plus complête que la mienne : croyez plutôt, Monsieur, que j'ai plus de plaisir a rencontrer en vous içi, un compatriote illustre, qu'un vaincu memorable.

M. Guizot.

A la bonne heure, Monsieur, je suis charmé de vous voir dans ces sentimens, qui répondent d'avance aux miens. Et moi aussi, si j'avais besoin de consolation, je la trouverais en moi-même. Mais pour mon propre compte, et si je pouvais oublier les désastres dont je n'ai pu sauver ma patrie, je me trouverais bien d'être, où je suis, et ce que je suis : les allures et les idées de ce pays me conviennent assez, et si je suis moins riche qu'un honnête homme ne devrait l'être en Angleterre, vous le savez Monsieur, ce n'est pas la richesse du moins que j'ai demandée aux grandeurs,—et pour un homme borné dans ses desirs c'est déja quelque chose, que de n'être pas ministre de France.

M. Louis Blanc.

Mais que diriez vous donc si vous aviez jamais été d'un gouvernement provisoire?

M. Guizot.

C'est encore là pour moi, Monsieur, un sujêt de consolation. J'ai administré une revolution comme je l'ai pu, mais je n'ai jamais aidé a en faire, pas même celle de Juillet. Et quand je regarde la fille qu'elle a mise au monde à l'age de dix-huit ans, je me félicite de n'avoir fait qu'assister à la naissance d'une mère, si prompte a concevoir des enfans si terribles.

Mais en vous parlant de ce que j'ai fait, et de ce que je n'ai pas essayé de faire, je ne dois pas oublier, que vous êtes avant tout, et que vous resterez, je pense, apres tout, historien distingué, et je voudrais bien me rendre plus propice, qu'elle ne m'a été jusqu'á présent, la Muse de votre Histoire,—c'est surtout en vous lisant qu'on se rappelle que l'histoire avoit aussi sa Muse—quand donc il vous arrivera d'ajouter à cette Iliade que vous avez faite, cette Odyssée qui vous reste à faire, vous n'oublierez pas j'espére, que nous avons été, c'est quelque chose de plus qu'un motif de bienveillance, compagnons d'exil. Mais j'ai tort peut-être de prendre souçi de la posterité, comme si elle aussi n'etait pas une vieillerie releguée comme tant d'autres au domaine du passée ; car à travers le gouffre que vous cherchez à mettre, j'avois presque dit à établir, entre le présent et l'avenir, les noms mêmes qui ont traversé tous les siecles, auront peine à se faire jour. Toutefois, que vous parliez au nom du tems present, où de tous les tems, ce que vous direz de moi est loin de m'être indifferent. Vos livres auront bien, je crois, comme votre gouvernement, un peu du provisoire, mais s'il ne vous est pas donné de prononcer en définitif le jugement de l'histoire, ce que vous aurez écrit, sera bien certainement une pièce importante du procès.

M. Louis Blanc.

Eh bien, Monsieur, vous aurez de moi la justice. Il me serait impossible de vous donner moins, et je ne voudrais pas vous offrir d'avantage. Mais en me supposant votre historien, vous me constituez votre juge, et c'est à vous à vous justifier. Vous avez d'abord contre vous, et vous aurez toujours, le tort de n'avoir pas réussi.

M. GUIZOT.

Si c'était pour moi une question d'amour propre seulement, il me suffirait pour justifier ma défaite, je pourrais dire pour glorifier ma lutte, de montrer du doigt, les ruines qui sont à ma place. L'explosion de la mine sur laquelle j'ai été si long tems assis, fait assez voir au monde de quel poids j'ai pèsé sur l'an-archie comprimée ; et s'il a manqué à mon gouverne-ment l'illustration d'une gloire guerrière, c'est peut-être plus qu'une victoire, d'avoir en face de tant d'en-nemis domestiques, et eux si acharnés, maintenu, à la pointe de l'epée—ma paix de sept ans.

Mais je tiens peu, croyez moi, à la gloire que je pourrais tirer du combat que j'ai soutenu, des mal-heurs mêmes que j'ai reculés : j'ai bien plus à cœur de voir mettre à profit par la France, si toutefois il n'est pas trop tard, l'enseignement de ma chute, l'expérience de la faute qu'elle a faite, en me laissant choir. Ce qui a manqué alors a mon gouvernement, ce qui a manqué, et manque encore à la France, ce n'est pas le jugement ni la fermeté de ses chefs, ce n'est pas l'intelligence ni l'energie de ses enfans, c'est cet esprit public qui devrait mettre en accord, ces divers élémens de puissance et de prosperité. Je ne parle pas seulement de cet esprit public, qui se rapporte dans un etat à d'anciennes institutions, qui est l'attachement d'an peuple à ses vieilles habitudes politiques,—un esprit public de cette trempe n'étoit guere possible en France. —mais je parle aussi de cet esprit public secondaire, sans lequel nulle association politique ne peut long-tems subsister, l'esprit d'une franche et loyale co-operation vers un but commun. Il y avait bien en France une classe assez nombreuse et respectable qui ne demandait pas mieux que de se laisser gouverner, il y avait de plus une classe, assez nombreuse aussi, dont le zèle et le dévouement même, étoient acquis à tous les gouvernemens, au mien du moins comme a celui de M. Thiers, au prix ou par l'espoir d'une place; mais il y avait aussi, personne ne le sait mieux que vous, une autre section ou bande, qui s'etoit donné pour mission, de rendre tout gouvernement impossible,—et pour une classe dont l'appui désinteressé pouvait en imposer à l'opinion, dont le zèle actif pouvait dans l'occasion prêter main forte à l'autorité, il y avait bien, ça et là, des hommes de là sorte, mais comme classe ils n'existaient pas,—non pas, je l'espére qu'il y a dans le caractère Français, plus que la part ordinaire d'egoisme et d'indifference, mais c'est qu'il est difficile à une nation de posséder des vertus, aux quelles elle ne croit pas.

Quoiqu'il en soit, c'est un esprit public, comme je viens de le décrire, qui nous a manqué aux jours de Février, beaucoup plus que les bras de la Garde nationale : nous aurions pu suppléer à ceux-la par le canon et la fidelité de nos troupes ; car sans avoir peut-être cette "âme héroique[b]," dont vous faisiez honneur, il y a quelque tems du moins, au General Cavaignac, nous avions assez de force à notre disposition, pour avoir raison d'un peuple, qui n'était encore, ni victorieux, ni organisé. Mais à quoi bon remporter une victoire, qui n'eut été qu'un crime de plus aux yeux mêmes de ceux qui lui auraient dû leur salut, et ajouter ainsi par un succès ephémère à cet amas de haines conjurées, aux quelles la Providence réservait un jour la leçon de leur triomphe ? Ajoutez à cela, c'est notre plus belle excuse, cette mansuétude, cette longanimité, toutes royales, qui restaient encore au monarque déchu, comme le dernier fragment de sa couronne, car la Royauté a toujours été plus avare du sang de ses

[b] Hist. de dix ans.

sujets, que ne l'est la République de celui de ses enfans, et vous direz je crois avec moi, quoiqu' on en ait autrement jugé, surtout en çe pays, que ce n'est pas nous qui avons manqué à la bourgeoisie, mais la bourgeoisie, qui a manqué à nous, à elle même, et, comme je le pense, aussi, au monde çivilisé.

M. Louis Blanc.

Je ne suis pas de çeux, Monsieur, qui l'imputent à un manque de cœur en Louis Philippe, qu'il a préféré en cette occasion la fuite au combat. Quand à l'heure suprême de sa dynastie, il s'est vu renié par cette bourgeoisie, pour laquelle il avait dix huit ans renié la nation, quelque chose de plus fort, de plus respectable que la peur a du étonner ses esprits ; placé qu'il était entre deux camps, dont l'un ne voulait pas de Roi, et l'autre ne voulait plus de lui, il a du sentir qu'il n'y-avait pas la pour lui, une révolte à supprimer, mais une destitution à accepter. Il pouvait bien peut-être commander un massacre, mais ce n'eut même pas été la guerre civile. C'était donc un conseil de femme qu'on lui donna " de monter à cheval et de mourir en Roi;" Ce "beau désespoir" qui du reste n'était pas, je pense, dans son caractère, n'était certainement pas dans son rôle ; il a mieux fait de monter en voiture.

Mais s'il vous est facile de vous excuser de n'avoir pas combattu avec plus de vigueur pour des gens qui vous tournaient le dos, ne vous vient il pas dans l'esprit de songer, à quel point vous étiez vous mêmes coupables de leur désertion? Ce n'est pas sans doute le courage qui a manqué alors à la bourgeoisie de Paris, ils l'ont assez montré depuis, c'est comme vous le dites bien, l'esprit de confiance et de loyauté; mais la confiance, Monsieur, est un sentiment qui demande surtout la réciprocité, et, dites moi donc, quelle preuve de confiance aviez vous donnée de votre part, à cette bourgeoisie qui était votre peuple?

Non contens de maintenir le cens electoral à un point qui sembloit faire de l'Angleterre, en comparaison de nous, un ètat démocratique, non contens de vous établir sur une base, dont Polignac et ses collègues n'avaient d'abord pas désesperé (car pour cette mesquine réforme ou le cours de la Revolution de Juillet commença si tôt a se perdre, cette extension du suffrage qui n'etait, comme tout le reste de votre système, qu'une mauvaise doublure de la Restoration, je vous avais presque fait la grâce de l'oublier) mais non contens, dis-je, de restreindre à de si minces proportions les droits électoraux, vous faisiez, tout ce qui pouvait se faire en ce genre, pour entraver, même dans ces limites, la liberté électorale. J'aurais trop de peine à décrire en détail les misères de cette espèce, qui ont deshonoré votre régime, mais l'expérience de la bassesse en grand, qu'ont du vous donner vos trois ou quatre ministères, peuvent assez vous faire comprendre, à quel degré de petitesse et de vilenie, arrivait enfin, se dégradant de plus bas en plus bas, l'influence ministérielle. Et quelle place, je vous le demande, parmi toutes celles qui se donnaient à la venalité electorale, laissiez vous, ou faisiez vous, à la loyauté desinteressée? La loyauté, Monsieur, comme tous les autres bons sentimens, a la pudeur qui lui est propre; elle n'aime pas à se produire, là ou elle est sujette à être méconnue, et vous aviez, à dire vrai, trop de claqueurs dans votre parterre, pour qu'un ami véritable et honorable osât témoigner de son approbation.

Il faut de plus à cet esprit public dont vous parlez, un principe et un objet. Et où le trouver, ce principe ou cet objet, dans cette longue succession de stériles débats, dans ces faces ou façcttes toujours changeantes, d'un système, tournant sans cesse autour de son pivot, d'un mouvement qui ne menait à rien? Est il surprenant, que l'esprit public se soit lassé de courir, comme un cheval au manège, dans le cercle étroit de vos querelles parlementaires, et que l'opinion se soit enfin laissée prendre de dégoût, pour tous ces partis à nuançes plutôt qu'à couleurs diverses, se disputant à si grand bruit, pour si peu de chose?·

Il y avait bien il est vrai au fond, et pour fin, de tout çela, la dynastie de Louis Philippe, et le maintien de la caste bourgeoise. Mais pour ce qui est de la dynastie, vous le savez bien, cet attachement aveugle et passionné qui se prodigue peut-être à la legitimité imbécile, ne se vend que bien cher à la royauté parvenue, et la France, je ne sais trop pourquoi, n'en était jamais venue, à l'égard de Louis Philippe, même à l'amour raisonnable. Et pour la bourgeoisie, froissée, refoulée qu'elle était dans ses prétentions de domination parlementaire, il y avoit dans la part plus large que grande qu'on lui faisait, un bien-être trop crument materiel, il y avait à le defendre un egoisme trop nu, pour qu'elle put trouver là, de quoi s'échauffer le cœur, et se rallier au combat. On se bat bien sans doute pour son pot-au-feu, mais on ne met pas une marmite sur son drapeau; et c'est surtout en France qu'il faut à tous les partis, un drapeau, et un nom.

Ajoutez à cela ces scandales pécuniaires qui sont venus dans ces derniers tems, troubler dans l'âme de la bourgeoisie, la foi même qu'elle avait en la probité de ses chefs, scandales qui certes ne vous touchaient aucunement dans votre honneur personnel, mais que vous avez pourtant aggravés plutôt que dissimulés par une dédaigneuse nonchalance, et puis mettez en dessus de tout, cette humiliation prolongée que vous avez fait subir à la France, aux yeux, et au profit, de l' étranger, et vous n'aurez pas lieu de vous étonner, ni de vous plaindre, si la bourgeoisie a mieux aimé s'en fier au peuple, le plus genereux, parçequ'il est le plus fort, de tous les maitres, que d'accepter plus long tems le bénéfice honteux d'une exploitation mutuelle, que lui offrait votre système, et s'il a repoussé enfin la solidarité, que cherchait à lui imposer comme prix de sa protection, un gouvernement sans pudeur ni honneur.

M. Guizot.

Vous etes bien bon, Monsieur, de ne pas m'im- puter ma part dans cette corruption officielle qui a couté a d'autres leur honneur et la vie ; et je dois peut-être vous remercier aussi, de ne m'avoir pas im- pliqué, quelque peu du moins, dans cette déplorable tragédie domestique, ce crime exceptionnel non moins qu'horrible[c] que l'opinion publique, sous l'empire de cette mystification où on l'avait jettée, rattacha, je ne sais comment, au régime, du plus doux, du plus cas- anier de tous les princes.

[c] L'assassinat de la Duchesse de Praslin.

Toutefois il ne manque à vos accusations, ni l'exageration, ni le fiel ; mais s'il s'agit de savoir au vrai, à qui plutôt, de la bourgeoisie où du roi, il faut imputer cet esprit de mécontentement et de méfiance qui les a perdus tous deux, je ne crains pas de l'asseverer, quoique vous ayiez dit, le mal ne venait pas d'en haut. Jamais prince ne se livra à son peuple avec une franchise plus ouverte, une confiançe plus magnanime, et il faut le dire à notre honte, plus courageuse, que n'en montra au peuple Français, sa majesté Louis Philippe. J'en parle, Monsieur, comme d'un roi, car vous le savez bien, et vous l'avouez même dans votre histoire, quoique çe soit, telle est votre justiçe, plutôt pour en faire un crime à Lafayette qu'un mérite a Louis Philippe, c'etait bien la royauté, et non pas une présidence, qu'il consentit à accepter de la Revolution de Juillet. Mais tout roi qu'il était et qu'il voulait être par le pouvoir, il n'eut rien tant à cœur, que de faire sentir au peuple qu'il s'étoit resigné à gouverner, qu'il était, par le sentiment, non pas, à dire seulement, le premier citoyen de l'état, mais tout simplement le premier bourgeois de la France; accusant, comme il faisait en toute occasion la popularité de son avénenement, par la popularité de ses mœurs, la facilité de son accès, l'épanchement de son discours, la familiarité de ses façons.

M. Louis Blanc.

C'est à dire, Monsieur, qu'il aurait bien voulu nous faire accepter, un despotisme temperé par la bon-hommie !

M. Guizot.

Du tout, Monsieur. Rien ne convenait moins que le despotisme, soit aux gouts, soit aux principes de Louis Philippe ; rien surtout ne s'accordait moins avec ces prévisions de père de famille, dont on a fait son plus grand crime. Comme Français, et comme Roi, il désiroit pardessus tout faire faire à la France l'apprentissage heureux d'un régime constitutionnel, comme père, il auroit je crois volontiers donné sa vie, comme il la risquait tous les jours, pour raffermir ces institutions parlementaires, qui seules pouvaient abriter et transmettre l'heritage de ses enfans.

Rector que Senatûs
Sed regnantis erat,

étoit bien la devise de sa couronne, plût au ciel que ce fût aussi le resumé de son règne !

Et s'il est vrai, qu'il voulait etre un peu trop le maître de son gouvernement, s'il a du moins dans cette intention, porté plus loin que d'autres ses petits manéges de roi constitutionnel, il faut se rappeller qu'il n'était pas seulement, comme les autres rois de cette catégorie, appellé a regner par l'accident de la naissance, mais appellé a gouverner aussi, par la confiance personnelle qu'avait en lui la nation, qu'il n'avait pas pour mission, seulement de porter une couronne, mais d'établir une constitution, et comme il l'a cru aussi, de fonder une dynastie.

Regardez un peu, je vous prie, à l'histoire de cet autre roi, dont la position était, sous tant de rapports, analogue à la sienne; je parle de Guilleaume III. roi d'Angleterre. Là aussi, la nation avait besoin d'un nouveau chef, pour la défendre du despotisme, comme la France avait besoin de Louis Philippe, et combien elle en avait besoin! pour la défendre de l'anarchie. Dans cet état de choses, en France comme en Angleterre, les partis occupant la place entre la nation et le roi, étaient de necessité reduits à un rôle secondaire; et certes Louis Philippe a moins abusé que Guilleaume III. du besoin qu'on avait de lui. Non pas que ce dernier s'immiscât trop dans les affaires de son pays adoptif, mais plutôt, qu'usant de sa prérogative pour échapper à ses devoirs, il marchanda le pouvoir, selon l'occasion, aux partis qui pouvaient lui mettre le plus librement à la main, l'epée de l'Angleterre, et les obligea l'un apres l'autre, à défrayer en dépit d'eux, mais toutefois aux dépens de la nation, la gloire de sa pertinacité mal-encontreuse.

M. Louis Blanc.

Mieux valait cela, que de faire plier successivement l'honneur et l'humeur de tous les partis, au système de la paix a tout prix !

M. Guizot.

Je n'ai garde d'oublier, que c'est là un de vos chefs d'accusation. Ce n'est pas, je vous assure, la difficulté de la réponse, qui me fait vouloir ajourner la question. Mais pour le moment, je m'attache plutôt à vous faire sentir, qu'il n'y avait rien ni dans l'attitude de Louis Philippe vis-a-vis de son peuple, ni dans l'esprit de son gouvernement, ni même dans ses pretentions gouvernementales, qui pût justifier la défiance, ou qui dût provoquer la jaloûsie.

Pour en venir maintenant à ces questions plus

spéciales auxquelles vous avez touché, le cercle élec-
toral était, je vous l'avouerai, d'une exiguité cho-
quante ; mais forcés que nous étions, par le tiraille-
ment des factions, à la resistance et à l'immobilité, il
s'agissait bien plus pour nous, d'affermir la constitution dans les limites où nous l'avions trouvée, que
d'étendre la base de nos operations, et donner ainsi
plus de prise a nos ennemis.—Je me sers, vous le
voyez, du langage militaire, qui convient plus que tout
autre à la politique Française, car quelle guerre si
hostile, si acharnée que nos dissensions ?—Toutefois
nous étions dans l'intention de nous délivrer de ce
reproche, et de donner encore une fois à la nation,
l'example de la confiance qu'elle nous refusait ; et si
nous avions tardé si long tems à le faire, c'est que nous
avions voulu d'abord accoutumer la classe électorale
en possession, à s'appuyer sur nous, à marcher avec
nous, non pas je veux dire dans les voies ou dans les
intérêts de tel ou tel ministère, mais afin de pouvoir
fournir en eux au système plus étendu, un centre
stable, un cœur sain et ferme. Nous esperions aussi, un
peu, que dans, le même intervalle, la partie de la nation en dehors du çens, accoutumée, par le fait, á l'idée
d'un gouvernement fixe et permanent, et désabusée
par l'expérience, de l'espoir, de l'attente du moins, où
l'on cherchoit á l'entretenir, d'un changement tout pro-

chain en viendrait enfin à accepter, en desespoir de cause,—le repos et la prosperité.

Mais voyant, comme il arriva, que ces électeurs rares et choisis, cette élite de la France pour le savoir et l'intelligence, si loin qu'ils étaient d'exercer, ou de mériter, cet ascendant, qu'ils auraient du avoir, s'étaient laissé dire, tant de phrases pour des verités, s'étaient laissé imposer, si façilement, des charlatans pour de grands hommes, et vos pamphlets pour de l'histoire, s' étaient enfin laissé, eux aussi, débaucher l'esprit par ces velléités de revolution, qui accusent bien plus notre impuissançe pour le bien, que notre énergie pour le mal, nous avions bien le droit d'hésiter long tems, avant d'ouvrir la carrière politique, à une classe bien autrement que la premiére, façile a séduire et à pousser, bien autrement esclave des grands mots et des petits hommes, enfin bien plus eperdûment abandonnée à cette eloquence banale et menteuse, par la quelle le peuple le plus spirituel du monde, s'est laissé, si long tems, si bêtement exploiter. Quant à cette corruption excessive, et à vous entendre presque obscène, que votre délicatesse se répugne à decrire, non seulément elle n'etait pas de mon ressort, mais elle n'est pas même de ma connaissance. Je peux pourtant vous avouer, que dans la lutte que nous avions à soutenir, nous n'avons pas cru qu'il nous fut permis, de

renonçer à un moyen, que l'usage de nos predeces-
seurs, non moins que la necessité des tems, nous mettait à la main. C'est un sujet d'ailleurs, tout pénible
et scabreux qu'il est, dont les gouvernés ont à tirer
leur leçon, bien plus que les gouverneurs, car une
nation fait son gouvernement beaucoup plus que le
gouvernement ne fait la nation ; et en France, je peux
maintenant vous le dire franchement, les mœurs politiques sont telles, que si elles peuvent comporter une
constitution libre, elles ne comportent pas du tout, un
gouvernement liberal. Echappée au régime de l'influence, ou si vous insistez sur le mot, de la corruption,
elle tombera de suite sous le régime du fer, et dans ce
pays ou il y a dans l'opinion, tant d'inconséquence et
d'étourderie, en dehors de l'opinion, tant de passion et
d'aveuglement, ou le zèle est si froid, l'indifference si
frondeuse, et où la haine seule est enthousiaste, c'est
plutôt le malheur, que la faute, d'un ministre, s'il est
obligé d'ajouter à la foi, de ce qu'il peut dire, l'esper-
ance, de ce qu'il peut donner.

M. Louis Blanc.

Que n'y mettiez vous aussi un peu de charité ? vous
auriez alors embelli votre parole de ministre, de toutes
les grâces Chretiennes !

M. Guizot.

Pour le moment du moins je n'en ai pas besoin. Il me suffit de la raison toute simple, si vous voulez bien l'entendre.

La Réforme électorale et tout ce qui s'y rapporte n'était après tout qu'un moyen; et peut-être par d'autres moyens le gouvernement a-t-il pu arriver, autant que lui permettait de marcher son état perpétuel d'antagonisme, aux fins que se proposait la nation, je ne parle pas d'une faction seulement, à la Revolution de Juillet. S'il ne nous a pas été possible de faire porter à cette Revolution, tous les fruits dont elle recelait la semence, du moins n'avons nous jamais essayé de fausser son intention, ni troublé au cœur de la nation la sécurité de son triomphe.

Les deux ennemis, que la France avait surtout cru vaincre, pour la seconde et la derniere fois, à la Revolution de 1830, étaient, vous le savez bien, la noblesse et les prêtres; et le gouvernement de Louis Philippe, sans toutefois vouloir pousser trop loin la victoire qu'on avait remise entre ses mains, n'a jamais permis, comme il l'a fait voir dans ces derniers tems, qu'on la revoquât en doute; et la France, se confiant à cette vigueur, et prenant exemple de cette moderation, a peut-être gagné quelque chose à traiter en amis, et en frères, ceux dont elle n'avait plus à redouter les prétentions, ni l'intolerance.

Mais la Révolution de Juillet était, je le sais bien, elle aurait été du moins si on l'avoit laissé faire, non seulement une victoire, mais un progrès. La France du moins avait droit d'en attendre, le développement de ses institutions dans le sens populaire, et l'accroissement, en tant que possible, du bien-être moral et matériel de sa population. Pour ce qui est des institutions, soit centrales, soit municipales, nous avons fait je crois, comme je l'ai deja montré, ce qu'on nous a permis de faire. Pour le reste, soit que vous regardiez aux arts, et surtout aux arts de leur côté national et populaire, soit à l'education, soit à l'agriculture, soit au commerce, soit aux moyens defensifs du pays, soit au rapprochement de ses differentes parties par une communication plus façile, ce n'est pas certainement, ni le zèle ni la direction du gouvernement, encore moins l'example ni la munifiçence de son chef, qui ont manqué à la France pour la pousser dans les voies de ce seul progrès que nous croyions, et que je crois encore, possible. Et si son amélioration morale, n'a repondu ni à nos efforts, ni même à notre attente, nous aurions pu du moins au mois de Fevrier transmettre à nos successeurs, si nous en avions eu, une France plus belle, plus forte, plus commode, plus abondante, plus disponible, et en tout point de meilleur rapport, que celle que nous avions reçue. En fin de compte, et pour tout dire en deux mots, le gouvernement de Louis Philippe a toujours voulu ce qu'il devait vouloir, il a fait ce qu'il a pu, et comme il l'a pu.

M. Louis Blanc.

En vérité, Monsieur, si vous bornez à si peu de chose la mission et les prétentions de votre gouvernement, il n'y a pas, pour les faits du moins, à discuter entre nous. Sans doute vous avez bâti des forts, mais contre quels ennemis? Vous avez agrandi des arsenaux et creusé des bassins, mais c'était vraiment à vous un luxe dont vous avez plutôt à vous excuser. Les grandes routes aussi, sont plus belles, et même les chemins vicinaux ont eu leur part de bénéfice, dans la corruption électorale : mais qu'a gagné la misère qui gît aux deux cotés, à çes facilités qui permettent au voyageur aisé, d'échapper plus rapidement à son aspect? Les chemins de fer aussi, vous doivent leur inauguration; mais c'est à la Banque et à l'Agiotage à vous remercier, d'avoir abdiqué en leur faveur les fonctions de l'ètat. Quant à cette répression du parti-prêtre, qu'a defaut de toute autre, vous nous donnez pour victoire, la France n'a pas, que je sache, à se plaindre de Louis Philippe sous le rapport de la religion, mais elle n'avait pas absolument besoin de lui, pour la sauver des Jesuites et du Pape. Pour ce qui est de la noblesse, la difference vraiment du gentilhomme au bourgeois, est a mes yeux si minime, que les differends que ces Messieurs peuvent avoir entre eux ne m'interessent guère. Si poùrtant il me faut envisager cette question du point de vue bourgeois, car après tout je suis bien né bourgeois moi-même, je dirais que Louis Philippe ne s'est pas assez gardé, en apparence du moins, d'une faiblesse monarchique pour la gentilhommerie. Il n'a pas sans doute songé à reconstituer le régime féodal, mais il n'a peut-être pas assez resisté, à cette suprématie de salon, que s'arrogeoit a défaut de toute autre la noblesse déchue ; il n'a pas assez defendu à sa famille, de solliciter la faveur, et comme on l'a dit, d'essuyer l'impertinence du noble Faubourg. C'est la vanité, ou si vous le voulez, la fierté, bourgeoise qui a fait notre première revolution, et le même sentiment, a peut-être un peu contribuer à laisser faire, celle qu'il nous faut, pour le moment, appeller la dernière.

M. Guizot.

Sans doute, Monsieur, les rois, même les plus forts, aiment toujours un peu trop la Noblesse, comme les femmes, même les meilleures, aiment toujours un peu trop la dentelle ; c'est toujours un ornement, c'est quelquefois un instrument, mais, comme Sa Majesté Louis Philippe n'eut pas été femme à se donner pour une parure, il n'était pas roi non plus, à s'incliner devant des noms. Et quellesque fussent les relations avec le Faubourg St. Germain qu'il ait permises à sa famille, il était, vous le savez bien, lui même, dans ses façons et ses habitudes, dans sa maniere d'être et de vivre, d'une bourgeoisie irreprochable, je dirais presque, d'une bourgeoisie exquise. Toutefois, peut-être a-t-il eu tort de souffrir même un commerce de societé avec des gens, qui se faisaient gloire d'appartenir à la faction la plus détestable, si elle n'était la plus insensée, qui fut jamais ; non pas certainement que j'eusse disputé aux legitimistes le privilége des re-grêts, mais s'ils croyaient de bonne foi que la France pût jamais de son gré revenir à eux, c'etait vraiment d'une folie, à faire douter de la raison humaine. Une nation peut bien peut-être remonter une marche qu'elle a descendue par un faux pas, mais elle ne re-montera pas un étage, sans y être hissée par la force. Une nation, d'ailleurs n'a jamais pardonné deux fois ; et dans ce pays toujours à la veille, ou au lendemain d'une révolution, ou tout est livré au desir, et à l'espoir de tous, le seul de tous les Français à qui il fut impossible de devenir roi de France, étoit le petit-fils de Charles X. ; sans miracle du moins, ou ce qui est presque la même chose, sans conquête par l'etranger. Si c'est la en effet que visaient leurs espérances, si c'est en provoquant la conquête par la Révolution, qu'ils comptaient ramener la France vers eux, je n'ai pas besoin de vous dire par quels termes d'ignominie il vous conviendra, comme historien, de flêtrir à tout jamais, une faction parricide, mais je vous rappellerais volontiers, que vous aurez en même tems à vous justifier, vous et vos amis, d'avoir accepté leur appui, d'avoir encouragé leur audace, applaudi à leurs calomnies, et marché enfin avec eux, dans les mêmes voies, vers un but commun. Vous saviez bien pourtant, tout patriotes forçenés que vous étiez, qu'ils avoient derriere eux—l'invasion, comme ils savoient bien eux, ces zèlateurs outrés de la religion et des lois, que vous aviez devant vous—l'anarchie.

M. Louis Blanc.

Il serait ce me semble plus juste de dire, simplement, que nous avons mis à profit, comme cela se fait
par tous les partis, les inimitiés des legitimistes;
comme nous avons aussi dans le tems, et vous même
aussi un peu, mis à profit l'opposition toute dynastique
de M. Odilon Barrot, dont, à mon avis, les idées
politiques, ne sont ni mieux fondées, ni plus réelles,
ni en dernier ressort plus possibles, que les rêves des
legitimistes. Et c'est précisement, parceque les pro-
jèts de ces derniers étaient à nos yeux d'une impossi-
bilité flagrante, qu'il nous a semblé permis, d'atteler
cette haine aussi au char de notre progrès.

Les services d'ailleurs qu'ils ont pu nous rendre,
étaient tous dans les limites du vrai. Car c'est en
faisant ressortir la dégradation du pays, par le con-
traste de ce qu' il était, même sous la restoration, en
opposant au vainqueur de Jemmappes et de Valmy, et
lui opposant avec avantage, l'âme petite et cauteleuse
de Louis XVIII. la vieillesse frivole et superstitieuse de
Charles X., qu'ils ont surtout fait sentir à la France,
au prix de combien de gloire, elle avait acheté ce peu
de repos. Ce n'est pas sans doute cette pensée seule,
qui ameuta contre vous aux jours de Fevrier le peuple

victorieux, mais c'est peut-être la conscience de votre humiliation qui refroidit votre courage, et c'est certes le ressentiment de vos bassesses qui enflamma le leur.

M. GUIZOT.

Sans doute, Monsieur, le moyen dont vous parlez était un des plus effectifs que vous aviez, mais c'était aussi le plus faux. Si la dignité du nom Français a été compromise en aucune façon, durant le tems dont nous parlons, cela a été bien plus par le zèle officieux et bruyant, de ceux qui la faisaient si frêle, que par la confiance et le calme, de ceux qui la croyaient si forte ; et s'il était possible à une nation grande et terrible comme la notre, de se faire petite et ridicule, elle le serait devenue par cette exageration puerile, et presque comique, qu'elle mettait à maintenir, à tout propos et hors de tout propos, son point d'honneur. Il n'y a rien, croyez moi, de si peu respectable ni de si peu respecté, rien en un mot de plus *mauvais genre* entre peuples, que cette *crânerie* nationale, dont vous, plus que tout autre, avez infecté les esprits ; et plus d'une fois, lorsque nous avons eu comme gouvernement, à exiger d'une autre nation une amende, qu'elle ne nous devait pas, ou à lui refuser celle, que nous lui devions, nous avons eu à lui faire en secret, l'apologie, de cette susceptibilité ignorante et grossiére, dont nous etions malgré nous les instrumens.

Mais s'il fallait aussi nous justifier aux yeux de la France du rôle que nous lui avons fait jouer, il nous serait plus que façile de repondre, à ceux du moins qui nous tiendraient comptables, non pas de la liberté du monde, comme vous l'entendez, mais de l'honneur et des interêts de notre pays. En tant du moins que l'honneur d'un pays consiste à faire voir, qu'il n'a pas peur de ses voisins, et c'est la surtout que vous semblez le placer, le gouvernement de Louis Philippe a assez fait ses preuves. Il a bombardé Anvers, à la barbe du nord, il a occupé Ancone, à la barbe de l'Autriche, il a retenu Alger, à la barbe de l'Angleterre, et ce qui ajoute quelque chose à l'éclat de cette conquête, un peu aussi, à la barbe de nos engagemens; enfin si vous exceptez la question d'Orient, où, comme vous le faites bien sentir dans votre histoire, nous avons porté la peine d'une duplicité malhabile, la France sous Louis Philippe, a non seulement maintenu le rang qui lui etait dû en raison de son territoire, de sa popula-tion, et même de sa gloire, mais elle a gagné quelque chose de plus, sans peut-être trop le vouloir, par la terreur où l'on était, non pas de ses forces comme état militaire, mis de cette puissance de destruction qu'elle portoit, en dépit d'elle, dans son sein.

Sans doute, si nous avions voulu nous prêter à l'abus de cette puissance, s'il nous avait semblé bon de déchaîner cette tempête dont nous avions le privilége, nous aurions fait dans le monde, beaucoup plus de bruit et de mal que nous n'en avons fait. Il suffisait même, je pense, d'une trompette moins forte que la voix de la France pour sonner le boute selle de ces révolutions, qui dormoient debout, à la porte de tous les palais, et certes il nous eut eté facile à nous, de commençer dix-huit ans plutôt la débâcle de l'Europe. Si nous ne l'avons pas fait, c'est que nous n'avons pas cru devoir le faire, et où est en Europe la nation, qui nous fait un crime aujourd'hui d'avoir reculé si long tems l'avénement de sa liberté?

Et la France, Monsieur, voyez où elle en est, considerez où elle en peut venir, et dites moi, au quel de nous deux, cette vue et cette reflexion doivent causer le plus de remords?

Pour vous cependant qui croyez voir au dela de cet abîme une societé plus florissante et plus belle, il vous est façile sans doute de vous consoler, du mal que vous voyez, de vous pardonner à vous même, le mal que vous avez fait. Mais pour moi, qui ne connois pour le genre humain d'autre carrière, que celle qu'il parcourt depuis six mille ans, qui n'espère pour la France d'autre avenir que celui dont on cherche à la detourner, d'autre vie enfin que celle qu'on s'efforçe de lui ravir, un découragement profond, une tristesse inexprimable, s'emparent de moi, à la vue de ce qui se passe; et si la calamité n'était pas trop vaste, si elle ne portait pas l'empreinte d'un caractère trop fatal, pour qu'on ne puisse sans impieté l'attribuer, à l'erreur ou à la malfaisance de cet homme ou de cet autre, je me tourmenterai l'âme par l'idée, que j'avais peut-être, moi, soit par une vigueur trop precipitée, soit par une faiblesse intempestive, tranché le cours des destinées de ma patrie. Mais ma douleur est exempt de tout remords, comme elle est aussi pure de tout ressentiment. La France a deja subi le pardon de ses plus cruels ennemis, et je n'ai jamais senti qu'elle eut besoin du mien.

Ne croyez pas non plus que je m'inquiéte en ce moment du sort de cette dynastie, dont j'ai partagé la chute.—Il s'agit bien vraiment de dynasties où de rois, en presence d'une societé qui se dissout, d'une nation qui se décompose!—C'est la France, cette France que je ne dois plus revoir, qui remplit mon âme, qui enchaine ma pensée.

Et vous dirai-je, Monsieur, car au spectacle de cette misère qui nous est commune, je me sens pris de confiance en vous, et vous aussi, je le sais, avez pitié de la France, vous dirai-je sous quelles phases diverses, se represente à mon esprit l'image de son agonie? Comme elle est là, devant mes yeux, dans la morne splendeur d'une sinistre beauté, superbe encore et menaçante en son aspect, comme si elle voudrait trouver au dehors, quelque diversion aux soucis qui la rongent, puis se laissant aller à errer parmi ces monumens, qui font maintenant toute sa patrie, et cherchant parmi les débris et les souvenirs de trois dynasties, de quoi se construire une demeure, se recomposer un état; s'adréssant d'abord, comme par necessité, à cette gloire qui la poursuit toujours, qui la presse, et l'obséde de toutes parts, mais tout en faisant hommage à la mémoire du grand homme, qui ne reconnoit ni pareils ni parens, se defendant du Ridicule qu'on dit proche du Sublime : laissant ensuite tomber ses regards, sur les restes de cette royauté deux fois et à jamais renversée, et apres avoir un moment contemplé ce mouvement sans la vie, qui reste encore à cette antiquité mal rajeunie, s'en detournant presque avec dégout, comme un malade à l'extremité de l'image de la mort : arrivant après, mais ne s'arrêtant pas, a cette ruine encore toute réçente, dont elle n'oserait toucher les débris encore chauds et fumans, de peur de rallumer l'incendie, qui couve sons leurs cendres : puis se recueillant un peu, et s'interrogeant elle même, pour voir ce qu'il y a en elle de vertu et de force, pour se frayer un chemin, et se faire un sort ; mais bientôt se prenant elle même en horreur, au souvenir de ses crimes passés, et par la conscience de ces effroyables passions qui surgissent encore dans son sein : se livrant alors au premier venu, et le suppliant avec instance de la sauver de cet accès de fureur, qui va la prendre tantôt, et dans lequel elle est bien sûre, si on ne lui lie les mains de se déchirer les entrailles : poussée enfin par l'excès de son désespoir, presque jusqu'au repentir, et se jetant toute eperdue, epuiseé, brisée d'angoisses et de luttes, au pied de ces autels si long tems méconnus, et là, levant ses mains, et son cri vers le ciel, pour lui demander, peut-être trop tard, son pardon—et un Maitre !

(Fin de la première partie.)

www.ingramcontent.com/pod-product-compliance
Lightning Source LLC
Chambersburg PA
CBHW060804280326
41934CB00010B/2545